AF278599

LA RESTITUTION

DES

BIENS D'ORLÉANS

R. F.

LA RESTITUTION
DES BIENS D'ORLÉANS

En 1872, lorsque l'Assemblée nationale, s'inspi-
rant de ce qu'on a justement appelé devant elle
« un principe de probité vulgaire », résolut d'abro-
ger les décrets du 22 janvier 1852, et de remettre
aux princes de la famille d'Orléans une partie des
biens dont ils avaient été dépouillés, cette mesure
fut unanimement approuvée : l'État, qui s'était em-
paré du bien d'autrui, qui pendant vingt ans en
avait perçu les revenus, et qui en avait vendu la
moitié, rendait aux propriétaires, non pas tout ce
qui leur avait été enlevé, mais seulement ce qui lui
en restait. Si incomplète qu'elle fût, cette restitution
répondait à l'honnêteté de notre pays ; elle honorait
à la fois le gouvernement qui l'avait proposée, l'Assemblée qui l'ordonnait, les princes qui en étaient
l'objet, et la France, dont on dégageait ainsi la res-

ponsabilité dans l'iniquité légale qu'avait commise, à son début, le gouvernement de Napoléon III.

Dix ans se sont écoulés, et voici que cette restitution partielle du bien d'autrui sert, contre les princes d'Orléans, de prétexte aux plus indignes calomnies : on dit, on imprime qu'ils ont demandé à la France appauvrie un sacrifice considérable; que le Trésor a dû leur verser quarante-cinq millions, et que leur avidité a ainsi augmenté la détresse et les charges publiques. Qu'on laisse ces accusations se propager, elles feront leur chemin, en profitant de l'audace croissante de ceux qui les inventent, de la crédulité publique, du silence qu'on aura gardé, et un jour viendrait peut-être où, par un étrange renversement des choses, les spoliés de 1852 seraient représentés, aux yeux du pays, comme les spoliateurs de 1872.

Il faut donc répondre, moins au nom des princes eux-mêmes qu'au nom de l'histoire, de l'honnêteté et de la bonne foi, également outragées par les calomnies qui se débitent; répondre en replaçant simplement sous les yeux de tous la vérité officielle, celle qui est imprimée dans les comptes rendus de l'Assemblée nationale, et qui défie toutes les contradictions.

Ce qu'étaient les décrets de 1852, est-il besoin de le rappeler ?

Rétablissant dans nos lois la confiscation abolie par les chartes de 1814 et de 1830, ils soulevèrent une réprobation unanime. Ce sont les républicains eux-mêmes qui l'affirment.

En effet, en 1872, l'honorable M. Robert de Massy, député du Loiret, s'exprimait ainsi dans son rapport à l'Assemblée nationale : « *C'est le sentiment* « *d'une souveraine iniquité qui, à l'apparition du décret* « *du 22 janvier 1852, excita une réprobation géné-* « *rale...* Votre commission a étudié tout ce qui a « été publié sur cette grave question, même les « écrits anonymes ; *elle le dit hautement, en toute* « *sécurité de conscience : le décret du 22 janvier 1852,* « pour le qualifier d'un nom réprouvé par nos « mœurs, banni de nos lois et dont le bon sens « public l'a déjà flétri, *n'a été qu'une confiscation ! Il* « *a été une confiscation sans exemple,* car ses effets « remontaient rétroactivement à vingt-deux ans en « arrière. »

De son côté, l'honorable M. Pascal Duprat s'écriait, dans la séance du 22 novembre 1872 : « J'applau- « dis comme vous tous, Messieurs, à la pensée qui a « inspiré le projet de loi qui vous est soumis : *c'est* « *une pensée de réparation et de justice. Les décrets* « *spoliateurs du 22 janvier avaient atteint le droit* « *inviolable de propriété, méconnu les règles fonda-*

« *mentales de nos lois, et, je puis ajouter,* BLESSÉ
« PROFONDÉMENT LA CONSCIENCE PUBLIQUE. »

Et l'honorable M. Brisson, le président actuel de
la Chambre des députés, ajoutait dans la séance du
lendemain 23 novembre :

« Pas plus que l'honorable M. Pascal Duprat, je
« n'ai la pensée de défendre les décrets du 22 jan-
« vier 1852, et les honorables amis de la maison
« d'Orléans se rappellent peut-être que *ces décrets,*
« *au moment où ils furent rendus, ne soulevèrent pas,*
« *dans le parti républicain, moins de réprobation que*
« *chez eux-mêmes;* ILS NOUS BLESSAIENT PARCE QU'ILS
« ÉTAIENT UN ATTENTAT A LA PROPRIÉTÉ. »

Ainsi, tout le monde s'accordait pour flétrir la
mesure qu'on allait réparer ; « la conscience nationale s'était sentie profondément blessée par cet attentat » ; elle se soulageait par la restitution que, spontanément, le gouvernement républicain de 1871
proposait à l'Assemblée d'ordonner.

Spontanément? Oui, car les princes n'ont rien
demandé, et quand on imprime aujourd'hui qu'ils
ont exigé de la France la restitution de leurs biens,
on commet, ou la plus grossière des erreurs, ou le
plus flagrant des mensonges!

Le droit de tous avait été violé en leur personne
en 1852; c'est aussi le droit de tous que le gouver-

nement a vengé, en 1872, en proposant la restitution ; l'Assemblée nationale l'a ordonnée ; les princes l'ont acceptée, ils ne l'ont jamais demandée, voilà la vérité !

Cette vérité, qui l'affirme ? les princes, leurs amis, leurs partisans ?

Non : c'est l'honorable rapporteur de la commission de l'Assemblée nationale, qui, après avoir rappelé dans son rapport du 9 mars 1872 que la loi proposée repose sur « *ce principe de probité vulgaire qui ne permet pas de s'enrichir aux dépens d'autrui* », continue en ces termes :

« Il existe aujourd'hui cinquante et un descen-
« dants directs du roi Louis-Philippe, dont les for-
« tunes sont sans doute inégales et diverses ;
« *aucun d'eux, c'est justice, Messieurs, de le dire à*
« *leur honneur, n'a adressé une demande, soit au*
« *gouvernement, soit à l'Assemblée.* Vous vous rappe-
« lez qu'à la séance du 15 septembre dernier, un de
« nos honorables collègues, M. le comte de Mérode,
« demanda, dans la discussion du budget rectificatif,
« que l'Assemblée, *au nom de la justice et de la pro-*
« *bité,* n'autorisât pas, au profit du Trésor, une
« recette ayant pour origine le décret du 22 janvier
« 1852. A cette demande, le ministre des finances
« répondit que le gouvernement préparait le projet

« qu'il a présenté peu de temps après ; ce projet
« vous propose uniquement et exclusivement la res-
« titution des biens non aliénés jusqu'à ce jour ;
« telle est l'origine et la portée de la question qui
« vous est soumise. »

Et, après avoir ainsi proclamé — quel est
l'homme de bonne foi qui oserait contester cette
solennelle affirmation? — après avoir proclamé
devant l'Assemblée tout entière, et sans qu'une
seule contradiction se soit élevée, qu'aucun des
membres de la famille d'Orléans n'avait rien demandé, soit au gouvernement, soit à l'Assemblée,
et qu'au contraire la proposition de restitution
était due à l'initiative du gouvernement, l'honorable
rapporteur continuait ainsi :

« Il a semblé à votre commission que, renfermée
« dans ces limites, la réparation offerte ne pouvait
« susciter aucune controverse. Ce qui vous est pro-
« posé, *c'est purement et simplement de rendre à autrui*
« *ce qui appartient à autrui ; de ne pas conserver*
« *dans les mains de l'État ce qui n'a jamais été à*
« *l'État, sans néanmoins mettre à la charge de la*
« *France épuisée par les effroyables désastres qu'elle*
« *doit à l'Empire, la réparation entière d'un acte*
« *qu'elle répudie.*
« *Qu'on le comprenne bien, il ne s'agit pas d'in-*

« *demniser la famille d'Orléans d'une spoliation dont*
« *la responsabilité pèse tout entière sur son auteur; il*
« S'AGIT DE DÉLAISSER CE QUI EST A ELLE, *non de lui*
« *fournir l'équivalent de ce qui a été consommé et dis-*
« *sipé.* »

Ainsi le projet de loi, ce n'est pas la réparation, l'indemnité de la spoliation qui a été commise : c'est la restitution à la famille d'Orléans, non de tout ce qui lui a été enlevé, mais d'une partie seulement, de ce qui, en 1870, n'avait pas encore été vendu ; voilà ce qu'affirme le rapporteur, au nom de la commission dont il est l'organe ; voilà la vérité, qu'il ne faut pas se lasser d'opposer à l'erreur et au mensonge !

Restitution incomplète, dit le rapporteur? Oui ! mais qui donc l'a voulue ainsi?

Les princes d'Orléans ! Ils ne l'ont acceptée qu'à condition qn'elle serait incomplète, et que l'État conserverait le bénéfice des aliénations qu'il avait déjà faites, ainsi que le montant des sommes encaissées par lui.

Est-ce vrai, cela?

Mais c'est la loi elle-même qui le proclame dans son article 3 ainsi conçu :

« ART. 3. — Conformément à *la renonciation offerte*
« *par les héritiers du roi Louis-Philippe avant la pré-*

« *sentation de la présente loi,* et réalisée depuis, aucu-
« nes répétitions ne pourront être exercées par eux
« contre l'État, soit par suite de l'exécution des
« décrets du 22 janvier 1852, soit pour toute autre
« cause antérieure à ces décrets. »

Ainsi, ce sont les princes eux-mêmes qui ont voulu que l'État conservât tout le fruit qu'il avait, jusqu'en 1872, tiré de la confiscation de 1852 (notons, en passant, que ce produit dépasse 70 millions), et c'est à cause de cette *renonciation* que l'article 2 de la loi se borne à dire :

« Les biens meubles et immeubles saisis par l'État en 1852, *et non aliénés à ce jour,* seront immédiatement rendus à leurs propriétaires. »

Voyons donc en quoi ils consistaient, « ces biens non aliénés »; quelle avait été l'importance de la confiscation, et quelle a été celle de la restitution.

Ici encore, ce n'est pas nous qui parlons : ce sont les documents officiels, c'est l'exposé des motifs du projet de loi, c'est le rapport de la commission que nous copions.

D'après les documents fournis à l'Assemblée nationale par le gouvernement, l'administration déclarait s'être approprié, en 1852, une valeur d'environ 80 millions, dont la moitié, à peu près, avait été aliénée par elle.

« La valeur des biens réunis au domaine, dit en
« effet le rapport présenté à l'Assemblée nationale,
« excédait 80 millions. Un état des nombreu-
« ses ventes réalisées chaque année depuis 1853
« jusques et y compris 1870, a été fourni à
« votre commission par le ministre des finances ;
« le total du prix de ces ventes s'est élevé à
« 35,892,849 fr. 02. Cette somme a été entière-
« ment encaissée par le Trésor, à l'exception de
« différentes fractions montant, au total, à
« 880,107 fr. 06, qui sont encore dus par plusieurs
« acquéreurs.

« Outre les sommes ainsi touchées par le Trésor
« pour prix des biens vendus, l'État a perçu, pour
« produit des coupes de bois depuis 1852, une
« somme totale de 18,601,019 francs.

« De ces indications il résulte 1º que sur les immeu-
« bles réunis au domaine en 1852, la moitié à peu
« près a été aliénée et l'autre moitié est entre les
« mains de l'État ; 2º que le Trésor a encaissé, pour
« le prix des immeubles vendus, et pour les coupes
« de bois exploitées, SANS TENIR COMPTE DE TOUS LES
« AUTRES REVENUS, plus de 53 millions. »

Laissons de côté, bien qu'ils aient été encaissés,
ces 18 millions provenant de la vente des coupes de
bois ; *il est prouvé par les chiffres* OFFICIELS ci-dessus :

Que l'importance des biens confisqués en 1852 s'élevait à 80 millions ; que, sur ces biens, l'État en a vendu, dès 1853, pour près de 36 millions, exactement : 35,892,849 francs ;

Qu'il a touché ce prix ; qu'il a profité de ses intérêts, et que, pendant toute la durée de la dépossession, c'est-à-dire pendant vingt ans, il a touché aussi les revenus de toute nature produits par les biens dont il restait le détenteur.

Si — ce qui n'est que strictement juste — on tient compte du montant de ces intérêts et revenus, on voit que la somme de 36 millions touchée par l'État s'est assurément doublée pendant cette période, et qu'elle représente pour lui un bénéfice net, réel, encaissé, d'au moins 70 millions !

Justifions, d'un mot, cette évaluation :

Le revenu des biens confisqués et non vendus était, en 1871, estimé par le ministre des finances de onze à treize cent mille francs, soit, en moyenne, 1,200,000 francs. L'État en a joui pendant vingt ans ; il a donc touché de ce seul chef 24 millions, qui, ajoutés aux 36 millions montant des ventes effectuées, donnent le total de 60 millions réellement entrés dans ses caisses. Si l'on ajoute à ce chiffre les intérêts produits par les 36 millions touchés de 1852 à 1870, on voit que le total de 70 millions est certainement au-dessous de la réalité, et que, pour atteindre celle-ci, il faudrait l'élever au moins à 80 millions.

Ce sont ces 80 millions que les princes d'Orléans ont déclaré — encore une fois, c'est la loi elle-même qui le proclame dans son article 3 — ne pas vouloir toucher, et que l'État, par conséquent, a conservés, comme produit de la confiscation.

L'importance de la confiscation ainsi précisée, voyons celle de la restitution :

En 1871, il restait donc entre les mains de l'État les immeubles que l'administration impériale n'avait pas pu vendre, et que le ministre des finances évaluait, en capital, à 45 millions. Ce sont ces immeubles, les débris morcelés de la spoliation de 1852, que l'État a rendus à leurs légitimes propriétaires ! Voilà ces 45 millions dont on parle, sur lesquels on cherche à créer une légende malhonnête, et que l'État, semblerait-il, aurait dû tirer de ses caisses pour les remettre aux héritiers du roi Louis-Philippe ! On le dit, on l'imprime, et cependant on sait bien que cela est absolument faux, *que les princes n'ont pas touché un centime du Trésor,* qui s'était, lui, enrichi aux dépens de leur patrimoine, et auquel ils laissaient, au contraire, environ 80 millions ! L'État leur a rendu, non de l'argent, mais une partie des biens qui leur avaient été pris, partie évaluée par le ministre des finances, en capital à 45 millions, en revenu à onze ou treize cent mille francs : telle est l'importance de la restitution. La commission de l'Assemblée nationale avait raison de la représenter comme la *réparation incomplète* de l'acte de 1852, et le gouvernement, de son côté, n'altérait pas la réalité des faits quand, dans son exposé des motifs du 9 décembre 1871, il signalait, en lui rendant hommage, « *le désintéressement des princes d'Orléans* ».

C'est aussi cette justice que l'histoire impartiale leur rendra.

PARIS. TYPOGRAPHIE E. PLON, NOURRIT ET Cⁱᵉ, RUE GARANCIÈRE, 8.

PARIS

TYPOGRAPHIE DE E. PLON, NOURRIT ET Cie

RUE GARANCIÈRE, 8.

www.ingramcontent.com/pod-product-compliance
Lightning Source LLC
Chambersburg PA
CBHW071655030726
47598CB00005B/2094